Fiche **philosophe**

Par Dominique Coutant-Defer

Rousseau

lePetitPhilosophe.fr

ROUSSEAU

PHILOSOPHE ET ÉCRIVAIN GENEVOIS DE LANGUE FRANÇAISE

- **Né en 1712 à Genève**
- **Décédé en 1778 à Ermenonville**
- **Quelques-unes de ses œuvres :**
  - *Discours sur les fondements et l'origine de l'inégalité parmi les hommes* (1755)
  - *Du contrat social* (1762)
  - *Émile ou De l'éducation* (1762)

Écrivain et philosophe genevois du **XVIIIe siècle**, Jean-Jacques Rousseau, dans son œuvre littéraire, notamment dans *Julie ou la Nouvelle Héloïse* (1761), les *Confessions* (1765-1770) et les *Rêveries du promeneur solitaire* (1776-1778), met en avant la sensibilité et place la subjectivité au premier plan, préfigurant ainsi le **courant romantique**.

Mais son œuvre est également centrée sur la **philosophie politique**, ce qui l'apparente aux penseurs du mouvement des Lumières, au même titre que Montesquieu ou Diderot. Il s'intéresse plus particulièrement à la **notion de contrat social**, défini comme un pacte entre les hommes qui constituerait le fondement idéal de l'État démocratique, notamment dans un de ses ouvrages majeurs, *Du contrat social* (1762). Il s'appuie principalement sur les concepts d'état de nature, de loi et de volonté générale.

BIOGRAPHIE

UNE JEUNESSE ERRANTE

Jean-Jacques Rousseau **nait à Genève, en Suisse, en 1712**, dans une famille calviniste. Orphelin de mère, il est d'abord élevé par son père, horloger, puis par un pasteur. À seize ans, il est recueilli à Annecy par **Mme de Warens**, une protestante émigrée de Suisse, qui sera à la fois **sa tutrice et sa maitresse**. Il l'appellera « Maman » et en gardera toute sa vie le souvenir.

BON À SAVOIR

Le **protestantisme** désigne un ensemble de doctrines chrétiennes issues de la Réforme au XVIe siècle et qui s'opposent au catholicisme dominant. Ces doctrines, dont le calvinisme (du nom de Calvin, un des principaux réformateurs), se distinguent notamment du catholicisme par leur refus d'une lecture dogmatique des Écritures et par la place laissée à l'interprétation individuelle. De plus, alors que les catholiques croient à la grâce accordée à tous pour la rédemption des péchés, les protestants, en particulier les calvinistes, insistent sur la notion de prédestination et la croyance au péché originel, dont seule la pratique d'une foi ardente peut sauver les fidèles.

Après s'être convertie au catholicisme, Mme de Warens entraine le jeune Rousseau dans cette voie et s'occupe également de son éducation. Voulant gagner sa vie, le jeune homme devient ensuite précepteur à Lyon, puis s'installe à Paris en 1742. **Passionné de musique**, il tente d'imposer, sans succès, une nouvelle méthode de notation musicale qu'il a inventée. Mais, à Paris, il a également l'occasion de **fréquenter le milieu littéraire** : il rencontre Voltaire (1694-1778), Denis Diderot (1713-1784) et Jean le Rond d'Alembert (1717-1783), et écrit des articles sur la musique pour *l'Encyclopédie*. Il mène cependant une existence laborieuse et est constamment à la recherche de protecteurs. En 1743, Rousseau devient secrétaire d'un ambassadeur à Venise, mais il est déjà de retour à Paris en 1744. Il se met alors en ménage avec **une servante qu'il épouse, Thérèse Levasseur**. De cette liaison naissent cinq enfants que Rousseau abandonne.

BON À SAVOIR

Également appelée *Dictionnaire raisonné des sciences, des arts et des métiers*, l'***Encyclopédie*** est initiée par Diderot et d'Alembert en 1751. Elle comportera au final dix-sept volumes et constituera la somme des savoirs de l'époque, tout en proposant une réflexion critique. En effet, l'*Encyclopédie*, qui sera accueillie avec enthousiasme dans les milieux intellectuels, propage les idées progressistes des Lumières.

L'ENTRÉE EN PHILOSOPHIE

En **1750**, un concours est organisé par l'académie de Dijon, dont Rousseau remporte le premier prix avec son ***Discours sur les sciences et les arts***, où il évoque l'antagonisme entre la civilisation et la vertu. En **1754**, le même concours couronne son ***Discours sur les fondements et l'origine de l'inégalité parmi les hommes***, dans lequel le philosophe oppose l'état de nature, source de bonheur pour l'individu, à l'état social, qui ne génère que des insatisfactions. Cette œuvre assure la célébrité à son auteur, mais elle l'éloigne en même temps des encyclopédistes : ceux-ci, athées pour la plupart, croient au progrès, tandis que Rousseau prône un retour à la nature.

À partir de **1756**, il s'installe à Montmorency, près de Paris, où l'a invité Mme d'Épinay. Il rédige, entre autres, un roman épistolaire, ***Julie ou la Nouvelle Héloïse***, qui parait en **1761**. En **1762**, il publie ***Du contrat social***, dans lequel il souhaite que ce soit le peuple souverain qui organise la vie collective, et ***Émile ou De l'éducation***, un traité d'éducation, qui contient *La Profession de foi du vicaire savoyard*, un texte aux idées antireligieuses. Les deux ouvrages sont condamnés par le Parlement de Paris, ce qui contraint Rousseau à fuir en Suisse, où il connait **des années difficiles**. Ses ouvrages sont brulés en place publique et il compte de nombreux ennemis, même à Genève, d'où il est également proscrit.

Après un séjour à Londres, **il rentre à Paris en 1770** et y achève ses *Confessions*, sorte d'autobiographie. Puis il accepte l'hospitalité du marquis de Girardin à Ermenonville, à côté de Paris, et y **meurt en 1778**. Les *Rêveries du promeneur solitaire* seront publiées en 1782 et les cendres de Jean-Jacques Rousseau seront transférées au Panthéon en 1794.

DES RAPPORTS HUMAINS DIFFICILES

La personnalité et la vie de Rousseau sont **complexes** et ont donné lieu à de nombreux commentaires. Son existence est toute en contrastes. Après une jeunesse ballottée entre plusieurs foyers et une éducation essentiellement autodidacte, il effectue différents métiers, des plus humbles aux plus honorables : laquais, forain, secrétaire d'ambassade, précepteur, etc. **Incapable de se fixer ou contraint à l'exil**, la vie de Rousseau est faite de **vagabondages** à travers l'Europe (France, Suisse, Italie, Angleterre, notamment). Mais le philosophe est malgré tout toujours en quête d'affection, profitant souvent des largesses des femmes et marié quelque temps à une servante.

Charitable, fraternel et bon, il a cependant souvent connu **la solitude et l'isolement**. De fait, sa versatilité et ses excès lui ont souvent attiré de **violentes inimitiés** que le philosophe, habité par un **délire de persécution**, amplifiait volontiers. En revanche, il se fâcha réellement avec les encyclopédistes, et même Diderot, son ami, finit par l'abandonner, lassé. Il se brouilla également avec le philosophe David Hume (1711-1756), qui l'avait pourtant accueilli en Angleterre. Mais les attaques les plus virulentes à son encontre provinrent de **Voltaire**. Ce dernier, fervent défenseur du progrès, à l'image de l'ensemble des penseurs des Lumières, jugeait rétrogrades les thèses de Rousseau, qui considérait le progrès comme un facteur de dégénérescence et de corruption. Il accablait alors le philosophe genevois de sarcasmes, en clamant que les théories rousseauistes lui donnaient « envie de marcher à quatre pattes ». Les attaques répétées de Voltaire à son égard et la condamnation de ses livres forcèrent Rousseau à quitter la France et à se réfugier dans son pays natal. Mais, en 1764, la publication d'un violent pamphlet de Voltaire attisa la vindicte des concitoyens de Rousseau, qui lapidèrent sa maison.

CONTEXTE PHILOSOPHIQUE

L'INFLUENCE DES LECTURES

Rousseau est d'abord un **lecteur des Anciens**, qui ont, d'une certaine manière, influencé sa pensée. Il s'est nourri :

- de *La République* de **Platon** (427-347 av. J.-C.), dont il apprécie l'interaction constante entre la morale individuelle et le projet social ;
- des *Politiques* et de *L'Éthique à Nicomaque* d'**Aristote** (384-322 av. J.-C.), auxquels il a emprunté la notion de caractère sacré du lien social ;
- des moralistes comme **Cicéron** (106-43 av. J.-C.), chez qui il admire l'importance accordée à l'amitié ;
- des stoïciens comme **Sénèque** (4 av. J.-C. -65 apr. J.-C.) et **Épictète** (50-125 apr. J.-C.), chez qui il a cherché de l'aide pour supporter les maux de son existence.

Mais sa lecture favorite, parmi les Anciens, demeurait **Plutarque** (vers 50-125 apr. J.C.), historien et moraliste grec célèbre pour ses *Vies parallèles des grands hommes*, dont Rousseau admirait la valorisation des notions d'honneur et de devoir, ainsi que le rejet d'une vie de plaisirs. L'œuvre de Plutarque fut sa première lecture de jeunesse et jusqu'à la fin de sa vie, il dit ne l'avoir jamais lue « sans en tirer quelque fruit ».

BON À SAVOIR

Le **stoïcisme** est une école philosophique fondée

par Zénon de Citium (vers 335-264 av. J.-C.) au
IVᵉ siècle av. J.-C. qui se présente comme une doctrine
morale austère proposant des règles de vie permettant
à l'homme d'atteindre bonheur et sagesse :

- d'une part l'homme doit vivre en harmonie avec
  la nature en maitrisant ses passions qui épuisent
  l'âme en vain. Dès lors, les stoïciens s'attachent à
  ne pas regretter, à ne pas avoir pitié, à ne pas être
  affecté par l'injustice, à ne pas ignorer, à ne pas
  avoir d'opinion, etc. ;
- d'autre part il doit accepter que tout ce qui arrive
  doit arriver. En effet, tout est écrit d'avance. Cet
  assentiment au destin apporte au stoïcien la
  liberté et la paix de l'âme (ce qu'on appelle l'ata-
  raxie, du grec *ataraxia*, « la tranquillité »), et lui
  permet de vivre parmi les hommes en acceptant la
  place qui lui est assignée.

Des penseurs plus récents ont également inspiré la réflexion
rousseauiste :

- l'humaniste **Nicolas Machiavel** (1469-1527), dont
  Rousseau cite *Le Prince* (1516) dans *Du contrat social*. Il est
  un des premiers à ne pas voir dans le philosophe florentin
  un penseur cynique et tyrannique ;
- **Grotius** (1583-1645), un juriste hollandais du XVIIᵉ siècle,
  maitre de l'école du droit naturel, qui prend en consi-
  dération les droits de l'homme inhérents à sa nature
  d'homme et non pas à son statut social ou sa nationalité.

Enfin, la pensée politique de Rousseau s'est aussi constituée **en s'opposant** à d'autres théories politiques fondamentales, comme celle de **Thomas Hobbes** (1588-1679) qui défend l'idée selon laquelle l'état de nature, une hypothèse philosophique consistant à concevoir l'homme dans un état précédent l'existence des sociétés, est caractérisé par la guerre de tous contre tous, et pour qui le seul moyen pour les hommes d'en sortir est de s'engager mutuellement dans un contrat. Rousseau soutient au contraire que l'état de nature, même s'il ne s'agit que d'une hypothèse, est le seul dans lequel l'individu puisse trouver l'équilibre, en vivant selon ses besoins et en harmonie avec son environnement.

L'EFFERVESCENCE DU XVIIIᵉ SIÈCLE

L'importance de la raison dans la philosophie des Lumières

Le XVIIIᵉ siècle est tout d'abord un **siècle de mutations dans les domaines scientifique et technique**, grâce aux découvertes de Galilée (1564-1642) et de Newton (1642-1727), qui fondent respectivement la nouvelle physique et la mécanique. L'observation et l'étude de la nature deviennent plus rigoureuses, et **la raison scientifique s'impose**.

La raison est le mot-clé de cette époque et a donné au XVIIIᵉ siècle l'appellation de « **siècle des Lumières** » : celui-ci se caractérise en effet par la **volonté de comprendre le monde à la seule lumière naturelle de la raison**. Mais la science n'est pas la seule concernée : des penseurs aussi brillants et divers que Denis Diderot (1713-1784), John Locke (1632-1704), Jean-Jacques Rousseau (1712-1778) ou encore Emmanuel Kant (1724-1804) veulent éclairer leurs contemporains dans tous les domaines (éducation, religion, droit, politique, etc.), afin de combattre l'obscurantisme qui prévalait jusque-là.

En outre, le siècle des Lumières se caractérise également par :

- une méfiance envers les dogmes religieux et le fanatisme ;
- une critique du politique, notamment de l'absolutisme ;
- la dénonciation des injustices, de la torture et des exclusions ;
- la défense d'idéaux tels que la tolérance, la liberté de conscience et d'expression, le bonheur individuel et le progrès (du savoir mais aussi de la civilisation et du domaine moral).

La place de Rousseau dans la philosophie des Lumières

Si le philosophe genevois s'inscrit dans ce courant de pensée, c'est notamment en raison du **caractère révolutionnaire de certaines de ses idées et de son rejet des régimes autocratiques**. Le rousseauisme influencera d'ailleurs largement la Révolution qui éclatera en France une dizaine d'années après la mort du philosophe.

Cependant, Rousseau se distingue des autres penseurs des Lumières en allant **à contrecourant de la confiance que ses contemporains placent dans le progrès**. L'ensemble de ses écrits, qu'ils soient philosophiques ou littéraires, est en effet dominé par ce leitmotiv constant : il faut retourner à la nature, le progrès ne peut qu'être corrupteur (<u>citation 1</u>).

Rousseau emprunte sa démarche à Montesquieu (1689-1755), qui appartient également au mouvement des Lumières. En effet, *Du contrat social*, qui étudie les principes du droit politique, est comparable en cela à *L'Esprit des lois*, même si la prise en compte de la modernité par Montesquieu répugne à Rousseau, plus extrémiste dans ses vues et moins soucieux de s'adapter au contexte politique des pays. Certains commentateurs ont d'ailleurs pu dire au sujet des deux philosophes que Montesquieu a étudié ce qui est et Rousseau ce qui doit être :

- Montesquieu s'applique à l'étude des lois réelles et des gouvernements établis, ainsi qu'à la manière dont les hommes peuvent s'en accommoder ;
- Rousseau, s'attachant à la nature de l'homme, envisage ce que les lois peuvent être – et, par conséquent, doivent être – pour convenir à cette nature.

PENSÉE ET APPORT

Les apports majeurs de Rousseau à la philosophie résident dans sa pensée politique. Les concepts principaux qui organisent sa réflexion sont les suivants :

- **l'état de nature**, conçu comme une hypothèse d'analyse ;
- **le contrat social**, un pacte constituant le fondement idéal de l'État démocratique ;
- **la loi**, expression de **la volonté générale** ;
- **le souverain**, instance supérieure du pouvoir ;
- **la conscience**, juge infaillible du bien et du mal, qui couronne l'édifice théorique de Rousseau.

LE PASSAGE DE L'ÉTAT DE NATURE À LA SOCIÉTÉ

L'hypothèse d'un état de nature

L'état de nature est, dès la seconde moitié du XVIIe siècle, un lieu commun de la philosophie politique qui désigne, chez Rousseau, Locke et Hobbes, la situation de l'homme avant l'apparition des sociétés, c'est-à-dire **l'état de l'homme quand on en retranche ce que la société lui a apporté** en termes de culture matérielle et intellectuelle.

Si certains penseurs ont avancé que cet état de nature avait réellement existé, il ne s'agit **pour Rousseau** que d'**un instrument d'analyse**, autrement dit d'une hypothèse de recherche, qui va lui servir à échafauder sa théorie politique. Selon lui, il est évident que le premier homme lui-même n'était pas dans l'état de nature, que Dieu l'a placé immédiatement dans des conditions sociales, mais rien n'interdit de formuler des hypothèses sur ce qu'aurait été l'humanité si l'intervention divine n'avait pas eu lieu.

L'homme naturel

Rousseau imagine que **l'homme sauvage**, bon par nature, errait dans les forêts, dans un état de solitude absolue, sans domicile, sans parole, sans guerres, sans nul besoin de ses semblables ni envie de leur nuire, et sans éducation, **uniquement préoccupé de satisfaire ses besoins vitaux**.

Qu'est-ce qui distingue alors l'homme de l'animal ?

Le premier agit par choix, le second par instinct. L'homme est en effet **libre** d'acquiescer ou de résister à ce que la nature commande.

De plus, il est **perfectible**, alors que l'animal répète inlassablement, à chaque génération, les données immuables de son espèce et communique par des signes innés et fixes. Inversement, **le langage**, faculté rationnelle spécifiquement humaine, permet à l'homme d'évoluer et de perfectionner la communication lorsque les gestes ne suffisent plus (<u>citation 2</u>).

Cependant, liberté et perfectibilité humaines sont des armes à double tranchant. En effet, l'homme est libre de choisir le meilleur comme le pire.

La naissance de la propriété

Comment l'homme est-il passé de l'état de nature à la

société ? Selon Rousseau, **c'est la naissance de la propriété privée qui est à l'origine de la société civile** (<u>citation 3</u>).

Cette volonté de posséder ne s'est toutefois pas manifestée en un jour : le philosophe suppose que l'homme s'est petit à petit rapproché de ses congénères, découvrant qu'il avait besoin d'eux, notamment pour répondre à ses besoins, de plus en plus nombreux et variés, et pour lutter contre l'hostilité du milieu naturel. Il a ainsi fait naitre la sociabilité et les conflits qu'elle engendre, notamment en raison de l'esprit de domination de l'homme, de son désir de paraitre et de son besoin de posséder plus que son voisin. **De la propriété privée sont alors nés tous les maux qui empoisonnent les sociétés modernes**. En ce sens, elle peut être considérée comme le terme extrême de l'état de nature.

Malgré la multitude de textes de loi générés par les juristes et les moralistes, les divers États, au cours de l'histoire, n'ont cessé de prouver leur inefficacité à lutter contre les conflits qui déchirent les hommes. Les institutions se sont montrées incapables de faire régner la paix et se sont plutôt pliées à l'intérêt des puissants. Ainsi, Rousseau ne voit autour de lui que des peuples en guerre, gémissant sous le joug des oppresseurs. **L'état de guerre représente le stade ultime de la violence engendrée par l'entrée de l'homme en société**.

LE CONTRAT SOCIAL

Le mal existant dans la société humaine est-il sans remède ? Non, prétend Rousseau : il suffit de **trouver une forme d'association qui garantirait l'ordre et la paix sociale** en unissant la liberté, caractéristique fondamentale de l'individu, et l'obéissance. Il s'agit de ce qu'il appelle le contrat social.

L'utilité des relations sociales

On ne peut nier que, une fois l'état de nature abandonné, **l'homme est un être social** : il ne peut se suffire à lui-même et a besoin des autres pour répondre à tous ses besoins. Il y a donc des avantages à l'entrée de l'homme en société. On peut, par exemple, évoquer la question du travail : chaque individu ayant un talent différent peut le mettre au service des autres, selon un **système d'échange**. Il s'agit là, selon Rousseau, de **la base de toute société**. Chaque enfant, avant même d'être un membre actif de la société, doit donc être éduqué à cette nécessité et au profit qu'il pourra en tirer.

L'émergence du pouvoir

Mais toute société humaine se pose, à un moment ou à un autre, la question du pouvoir, indispensable en tant que force de cohésion.

Rousseau prétend que même le plus fort ne peut être assez fort pour demeurer le maitre, à moins qu'il ne transforme sa force en un droit et l'obéissance des sujets en un devoir. Mais qu'est-ce qu'un droit qui périt quand la force cesse ? L'obéissance à la force physique brute est un acte de nécessité, non de volonté, qui ne peut qu'engendrer des troubles et des désordres : les pouvoirs qui s'instaurent par la force sont forcément illusoires et temporaires. Il faut donc instituer un pouvoir fondé sur la moralité : l'individu obéit par devoir moral et non parce qu'il y est contraint par la force. Aux yeux du philosophe, **seule une convention peut assoir une autorité légitime parmi les hommes**.

Mais, contrairement à ce que prône Hobbes, partisan de l'absolutisme, Rousseau estime que **les pactes et les contrats ne justifient pas pour autant l'aliénation de l'individu** et la privation de sa liberté fondamentale, en échange de la tranquillité et de la sécurité que lui garantiraient les institutions. L'homme ne peut donc aliéner sa liberté (que le philosophe considère comme une qualité fondamentale de l'être humain, à la fois philosophique et politique) par convention sociale en échange de la tranquillité civile.

BON À SAVOIR

L'**absolutisme** désigne un système politique dans lequel le pouvoir est concentré entre les mains d'une seule personne (le roi) ou d'un petit groupe de personnes qui a tous les droits.

La volonté générale

Il s'agit dès lors, pour les hommes, de s'associer à travers un pacte, afin de défendre et de protéger la personne et les biens de chacun d'eux, tout en demeurant libres : c'est le principe du **contrat social** (citation 4). Celui-ci est **l'expression de la volonté générale**, entendue comme la somme des volontés des individus ramenées à un intérêt commun. Elle n'a rien à voir avec le plus grand nombre d'individus, mais avec le motif qui les unit. Par le contrat social, **l'individu aliène sa liberté individuelle**, de manière active et volontaire, **au service d'une liberté plus large**, la seule qui soit authentique et qui lui garantisse ses droits fondamentaux (<u>citation 5</u>).

Que faire si un individu n'obéit pas à la volonté générale ? En effet, chacun, en tant qu'homme, peut avoir une volonté particulière différente de la volonté générale qui, elle, concerne le citoyen. Il est nécessaire, dans ce cas de figure, d'inclure tacitement dans le pacte social que **quiconque refusera d'obéir à la volonté générale y sera contraint par toute la communauté qui l'obligera à accepter les clauses du contrat**. Rousseau emploie alors la formule « On le forcera d'être libre », qui peut à première vue paraitre paradoxale et qui a fait couler beaucoup d'encre – Benjamin Constant (1767-1830), notamment, a vu Rousseau comme « un auxiliaire de tous les genres de despotisme ». En réalité, Rousseau veut dire par là que le citoyen ne peut jouir des droits accordés par le contrat social sans remplir les devoirs qui y sont associés. Il doit donc se conformer à la volonté générale, même s'il préférerait obéir à sa volonté personnelle, qui peut être différente, et même si la liberté générale proposée dans le pacte va à l'encontre de sa liberté individuelle. Le corps social le forcera, en quelque sorte, à voir où est son intérêt véritable, à comprendre que la liberté proposée par le contrat social présente plus de garanties que sa liberté individuelle.

La liberté et la loi

Être libre politiquement, grâce au contrat social, ne signifie donc pas agir selon son bon plaisir, mais **obéir à la loi issue du contrat social**, lui-même fondé sur la liberté des citoyens. Ce principe s'applique également aux gouvernants.

Dans l'état de nature, les hommes n'étaient pas gouvernés par d'autres hommes, mais étaient asservis à la loi naturelle, notamment à l'instinct de conservation. Dans l'état social, **le citoyen, certes, obéit à la loi, mais il n'en est pas esclave, puisqu'elle est l'émanation de la volonté générale** (citation 6). Dans ce cas, la pire des lois vaut mieux encore que le meilleur maitre affirme Rousseau, puisqu'elle vient du peuple assemblé. Par conséquent, un peuple est libre quand il voit dans celui qui gouverne non pas un homme qui imposerait sa propre volonté, mais l'organe de la loi qui a été édictée de manière consensuelle. Le gouvernant n'apparait plus alors comme exerçant un pouvoir arbitraire, mais comme un simple outil pour faire appliquer la loi émanant de la volonté de tous.

Chez Rousseau, **le souverain n'a de puissance que législative** : il n'agit que par les lois, édictées par la volonté générale. Il ne saurait donc agir que quand le peuple est assemblé. Le philosophe ne voit pas là une utopie (société imaginaire idéale et irréalisable), puisque des cités démocratiques antiques ont procédé à l'élaboration de lois en assemblant tout le peuple.

Il n'y a donc pas de liberté sans lois, ni là où quelqu'un est au-dessus d'elles.

Les bénéfices du pacte social

Le passage de l'état de nature à l'état civil substitue donc la justice à l'instinct : **le devoir et la moralité succèdent à l'impulsion physique et aux désirs sans limites** (<u>citation 7</u>). Par conséquent, **l'âme de l'homme s'élève** : d'« un animal stupide et borné », il devient « un être intelligent et un homme ». La liberté naturelle a pour bornes les forces de l'individu, la possession n'étant que l'effet de la force du premier occupant, alors que la liberté civile est limitée par la volonté générale, qui garantit la propriété de tout ce que le citoyen possède (<u>citation 8</u>). Le corps social édictant ses propres lois, c'est librement et en toute connaissance de cause qu'il y obéit alors que la soumission aux instincts primaires (avant que les individus ne se soient constitués en société) avilit l'homme et le rend dépendant de ses désirs.

Politique et morale

Pour Rousseau, il n'existe donc **pas de politique sans morale**. Le citoyen doit respecter le pacte social fondé sur la volonté générale qui doit, pour être accomplie, être conforme aux volontés particulières. Rousseau donne ce conseil aux politiques : « Comme la vertu n'est que la conformité de la volonté particulière à la générale, faites régner la vertu. » **L'obligation morale est donc la clé de voute des institutions**, le fondement du phénomène politique. Elle permet de plus d'éviter la multiplication de lois coercitives et inefficaces à l'égard des contrevenants à la loi. Le peuple doit reconnaitre que ses vices sont la première cause de son malheur éventuel.

Rousseau croit en effet qu'**un principe inné de vertu existe en chaque homme** et que les notions du bien et du mal sont les mêmes dans toutes les nations et à toutes les époques. La conscience morale est selon lui « un instinct divin », qui rend l'homme semblable à Dieu et le distingue de l'animal. Appliquée en politique, elle est donc la garante du bon fonctionnement de la société.

Les écrits de Rousseau, prônant la démocratie, l'égalité entre les hommes et le pouvoir du peuple, ont pu apparaitre à son époque comme **révolutionnaires**. D'ailleurs, tous les partis de la Révolution française, qui éclatera dix ans après la mort du philosophe, se réclameront de sa doctrine, y voyant un appel à la révolte jamais clairement exprimé, pourtant chez Rousseau. En effet, il écrit en 1751 : « Si quelque grande révolution survenait, elle serait presque aussi à craindre que le mal qu'elle pourrait guérir. » Opposé à toute forme de violence, il aurait sans doute été épouvanté par les exactions commises. Si l'essentiel du rousseauisme correspond bien aux idéaux révolutionnaires, le philosophe n'en a jamais vraiment donné le mode d'emploi. Il a d'ailleurs été considéré comme un mécanicien qui aurait inventé une machine, sans expliquer comment la faire fonctionner, laissant ce soin aux autres.

EN RÉSUMÉ

Selon Rousseau, **l'homme à l'état de nature** vit dans la solitude, sans aucun besoin de ses semblables ni envie de leur nuire, uniquement préoccupé de satisfaire ses besoins vitaux : il s'agit d'un **état de paix**. L'homme se distingue cependant de l'animal, parce qu'il agit par choix et qu'il est perfectible.

C'est la **naissance de la propriété privée** qui marque **l'entrée de l'homme dans la société civile**, ainsi que l'apparition de tous les maux des sociétés modernes : le désir de domination, de paraitre et de posséder plus que son voisin, vices qui engendrent les guerres.

Pour remédier à cela, Rousseau propose **une forme d'association qui garantirait l'ordre et la paix sociale** : le contrat social. Mais celui-ci ne justifie pas pour autant l'aliénation de l'individu et la privation de sa liberté. Plus précisément, il s'agit, pour les hommes, de s'associer afin de défendre et de protéger la personne et les biens de chacun d'eux, tout en demeurant libres. Le contrat social est **l'expression de la volonté générale** : l'individu aliène volontairement sa liberté individuelle au service d'une liberté plus large qui lui garantit ses droits fondamentaux.

Ainsi, pour Rousseau, **être libre politiquement** ne signifie donc pas agir selon son bon plaisir, mais **obéir à la loi issue du contrat social**, lui-même fondé sur la liberté des citoyens. Ceux-ci, certes, obéissent à la loi, mais ils n'en sont pas esclaves, puisqu'elle émane de la volonté générale.

En passant de l'état de nature à l'état civil, l'homme obéit à la justice et non plus à l'instinct. Par conséquent, son âme s'élève.

Votre avis nous intéresse !
Laissez un commentaire sur le site de votre librairie en ligne
et partagez vos coups de cœur sur les réseaux sociaux !

POUR ALLER PLUS LOIN

- CASSIRER (Ernst), *Le Problème Jean-Jacques Rousseau*, Paris, Fayard, 2012.
- DERATHÉ (Robert), *Jean-Jacques Rousseau et la science politique de son temps*, Paris, Vrin, 2000.
- LEGRAND (Gérard), *Dictionnaire de philosophie*, Paris, Bordas, 1973.
- MÉDINA (José) *et alii*, *La Philosophie comme débat entre les textes*, Paris, Magnard, 1988.
- ROUSSEAU (Jean-Jacques), *Discours sur les fondements et l'origine de l'inégalité parmi les hommes*, Paris, Hatier, 1999.
- ROUSSEAU (Jean-Jacques), *Du contrat social*, Paris, Hatier, 1999.
- ROUSSEAU (Jean-Jacques), *Émile ou De l'éducation*, Paris, GF-Flammarion, 2009.
- RUSS (Jacqueline), *Les Chemins de la philosophie*, Paris, Armand Colin, 1988.
- STAROBINSKI (Jean), *Jean-Jacques Rousseau : la transparence et l'obstacle*, Paris, Gallimard, 1976.

TESTEZ VOS CONNAISSANCES !

ASSOCIEZ CHAQUE CITATION À L'EXPLICATION QUI LUI CORRESPOND

Citation 1 : « L'exemple des sauvages [...] semble confirmer que le genre humain était fait pour y rester toujours, que cet état est la véritable jeunesse du monde, et que tous les progrès ultérieurs ont été en apparence autant de pas vers la perfection de l'individu, et en effet vers la décrépitude de l'espèce. » (*Discours sur les fondements et l'origine de l'inégalité parmi les hommes*, Paris, Hatier, 1999, partie 2)

Citation 2 : « La nature commande à tout animal, et la bête obéit. L'homme éprouve la même impression, mais il se reconnaît libre d'acquiescer, ou de résister [...]. [...] Il y a une autre qualité très spécifique qui les distingue, [...] c'est la faculté [humaine] de se perfectionner. » (*Discours sur les fondements et l'origine de l'inégalité parmi les hommes*, Paris, Hatier, 1999, partie 1)

Citation 3 : « Le premier qui, ayant enclos un terrain, s'avisa de dire Ceci est à moi, et trouva des gens assez simples pour le croire, fut le vrai fondateur de la société civile. » (*Discours sur les fondements et l'origine de l'inégalité parmi les hommes*, Paris, Hatier, 1999, partie 2)

Citation 4 : « "Trouver une forme d'association qui défende et protège de toute la force commune la personne et les biens de chaque associé, et par laquelle chacun s'unissant à tous n'obéisse pourtant qu'à lui-même et reste aussi libre qu'avant." Tel est le problème fondamental dont le contrat social donne la solution. » (*Du contrat social*, Paris, Hatier, 1999, livre 1, chapitre 5)

Citation 5 : « Chacun de nous met en commun sa personne et toute sa puissance sous la suprême direction de la volonté générale ; et nous recevons en corps chaque membre comme partie indivisible du tout. » (*Du contrat social*, Paris, Hatier, 1999, livre 1, chapitre 4)

Citation 6 : « [C]hacun se donnant à tous ne se donne à personne. » (*Du contrat social*, Paris, Hatier, 1999, livre 1, chapitre 4)

Citation 7 : « Ce passage de l'état de nature à l'état civil produit dans l'homme un changement très remarquable, en substituant dans sa conduite la justice à l'instinct, et donnant à ses actions la moralité qui leur manquait auparavant. C'est alors seulement que la voie du devoir succédant à l'impulsion physique et le droit à l'appétit, l'homme, qui jusque-là n'avait regardé que lui-même, se voit forcé d'agir sur d'autres principes, et de consulter sa raison avant d'écouter ses penchants. » (*Du contrat social*, Paris, Hatier, 1999, livre 1, chapitre 8)

Citation 8 : « Ce que l'homme perd par le contrat social, c'est sa liberté naturelle et un droit illimité à tout ce qui le tente et qu'il peut atteindre ; ce qu'il gagne, c'est la liberté civile et la propriété de tout ce qu'il possède. » (*Du contrat social*, Paris, Hatier, 1999, livre 1, chapitre 5)

Explication a : c'est la naissance de la propriété privée qui a donné jour à la société civile.

Explication b : l'homme doit retourner à l'état de nature, car le progrès est corrupteur.

Explication c : il s'agit, pour les hommes, de s'associer par le biais d'un pacte dans le but de défendre la personne et les biens de chacun d'eux, tout en demeurant libres.

Explication d : le principe du contrat social veut que chaque homme renonce à sa volonté individuelle au profit de la volonté générale.

Explication e : le plus fort ne peut jamais être suffisamment fort pour rester le maitre, sauf s'il fait de sa force un droit et de l'obéissance des sujets un devoir, mais ce type de pouvoir ne peut engendrer que des troubles ; c'est pourquoi seule une convention peut assoir une autorité légitime parmi les hommes.

Explication f : l'homme se distingue de l'animal en ce qu'il est libre de résister à ce que la nature lui commande et car il a la capacité de se perfectionner.

Explication g : en passant de l'état de nature à l'état civil, l'homme obéit à la justice et non plus à son instinct : ainsi, il agit dorénavant selon des principes moraux.

Explication h : dans la mesure où la loi émane de la volonté générale, le citoyen n'obéit à personne en particulier, mais à l'ensemble des hommes.

Explication i : si le contrat social limite la liberté naturelle de l'homme, elle lui octroie la liberté civile et la propriété de ses biens.

Explication j : l'état de guerre constitue le stade ultime de la violence engendrée par l'entrée de l'homme en société.

Rendez-vous sur lepetitphilosophe.fr et découvrez :

Plus de 1200 analyses
Claires et synthétiques
Téléchargeables en 30 secondes
À imprimer chez soi

L'éditeur veille à la fiabilité des informations publiées, lesquelles ne pourraient toutefois engager sa responsabilité.

© LePetitPhilosophe.fr, 2017. Tous droits réservés.

www.lepetitphilosophe.fr

ISBN version numérique : 978-2-8062-4966-1
ISBN version papier : 978-2-8080-0135-9
Dépôt légal : D/2017/12603/519

Conception numérique : Primento,
le partenaire numérique des éditeurs.